BEI GRIN MACHT SICH IHR
WISSEN BEZAHLT

- Wir veröffentlichen Ihre Hausarbeit,
  Bachelor- und Masterarbeit

- Ihr eigenes eBook und Buch -
  weltweit in allen wichtigen Shops

- Verdienen Sie an jedem Verkauf

Jetzt bei www.GRIN.com hochladen
und kostenlos publizieren

Nejla Demirkaya

Linguistische Ideologien als Ursache oder als Ausdruck nationalistischer Bewegungen in Indien?

GRIN Verlag

Bibliografische Information der Deutschen Nationalbibliothek:

Die Deutsche Bibliothek verzeichnet diese Publikation in der Deutschen National-
bibliografie; detaillierte bibliografische Daten sind im Internet über http://dnb.d-
nb.de/ abrufbar.

Impressum:

Copyright © 2013 GRIN Verlag GmbH
Druck und Bindung: Books on Demand GmbH, Norderstedt Germany
ISBN: 978-3-656-57553-5

Dieses Buch bei GRIN:

http://www.grin.com/de/e-book/232167/linguistische-ideologien-als-ursache-oder-
als-ausdruck-nationalistischer

Georg-August-Universität Göttingen

Centre for Modern Indian Studies

Seminar: Ethnologische Theorien zur Kultur und Gesellschaft
Indiens

Wintersemester 2012/13

Linguistische Ideologien als Ursache oder als Ausdruck nationalistischer Bewegungen in Indien?

Nejla Demirkaya

15.03.2013

Geschichte und Moderne Indienstudien (2-Fächer-Bachelor)

3. Semester

In der Forschungsliteratur herrscht weitgehend Uneinigkeit bezüglich der Frage, in welchem kausalen Zusammenhang „Sprache" und „Nationalismus" zueinander stehen. Dieser Essay verfolgt das Ziel, mit der Vorstellung der historischen Voraussetzungen und Entwicklungen zweier auf linguistischen Ideologien beruhenden Bewegungen im Indien des 20. Jahrhunderts aufzuzeigen, dass tatsächlich beide Theorien zutreffen: Nationalismus basierend auf der Verherrlichung einer gemeinsamen Sprache, und die Konstruktion derselben aufgrund eines bereits vorhandenen nationalistischen Zusammengehörigkeitsgefühls. Zur Beantwortung der in der Problemstellung inhärenten zweiten Frage nach der Ursache des linguistischen Nationalismus in Indien ist die Erläuterung des britischen Einflusses von Bedeutung.

Die indische Geschichte ist gezeichnet von vielfältigen inter-kulturellen Konflikten, zu deren Ursachenkomplex nicht selten der Faktor Sprache gehört. Auffallend ist, dass derlei Auseinandersetzungen zwischen linguistischen Gruppen auf dem indischen Subkontinent seit erst etwa zwei Jahrhunderten eine Rolle spielen. In vielerlei Hinsicht war es die britische Kolonialmacht, die mittels ihrer tiefgreifenden Interventionen nicht nur in der administrativen und institutionellen, sondern letztlich auch kulturellen Sphäre des indischen Subkontinents die Entwicklung sprachlicher Ideologien erst ermöglichte und damit den Grundstein legte für auf selbige basierende Nationalismen. Überzeugt vom Vorhandensein der jeweiligen Wurzeln und Standard-Formen machten sich die Briten daran, die Volkssprachen Indiens zu untersuchen und ihren Merkmalen und Zugehörigkeiten gemäß zu erfassen, eine Vorgehensweise, die zahlreiche linguistische Abhandlungen, Wörterbücher und Grammatiken hervorbrachte. Über die Zeit führten diese Maßnahmen zu einer Veränderung der indischen Mentalität; die Sprache wandelte sich vom Werkzeug zum das Selbst formenden Kulturgut, wodurch eine Abgrenzung zu Sprechern anderer Sprachen stattfand - eine Grundvoraussetzung für das Aufkommen nationaler Gemeinschaften und einer nationalistischen Gesinnung.

Die ideologisch motivierte klare Auftrennung des Khari Boli, eines aus dem Raum Delhi stammenden Dialekts, in die heutigen Amtssprachen Indiens und Pakistans, Hindi und Urdu, liefert ein eindrückliches Beispiel für das politische Projekt der Schaffung einer Sprache für die gedanklich bereits konstruierte Nation. Lange vor dem 19. Jahrhundert und den sich in dieser Epoche vor allem auf Grundlage der

Religion entwickelnden Nationalismen hatten sich unterschiedliche literarische Varianten des Dialekts herausgebildet: So wählten in erster Linie Muslime das persisch-arabische Alphabet zur Niederschrift ihrer Sprache, während Hindus die Devanagari-Schrift bevorzugten. Zudem bezogen die muslimischen Sprecher des Khari Boli im Gegensatz zu Nicht-Muslimen erweiterndes Vokabular vermehrt aus dem Persischen, dem Arabischen und dem Türkischen. Diese Tendenz erfuhr Jahrhunderte später im kolonialen Indien eine Art künstliche Vertiefung, und zwar einmal mehr von britischer Seite ausgehend, indem ein von persischen und arabischen Elementen „befreiter" Gebrauch des Khari Boli gefordert wurde (Aneesh, 2010, S. 12). Die als Hindi und Urdu bezeichneten Varietäten wurden über die Zeit verstärkt mit der religiösen Gemeinschaft ihrer Sprecher konnotiert, was in ihrer bis heute üblichen und oft unbewusst stattfindenden Zuordnung zum Hinduismus beziehungsweise zum Islam mündete. Zahlreiche Bewegungen und Organisationen wurden ins Leben gerufen; einige von ihnen, wie die Urdu Defence Association (um 1900) oder die hinduistische Nagari Pracharini Sabha (1893), traten für die Förderung der jeweiligen sprachlichen Interessen ihrer Gründer und Mitglieder ein, während andere ein eher gesamtheitliches Programm verfolgten mit unterschiedlichen Zielen: Die Distanzierung von der jeweils zunehmend als oppositionell betrachteten Religionsgemeinschaft sowie der Ausbau der eigenen Identität. Im Bemühen um die Unabhängigkeit von der britischen Krone kam angesichts der schieren Sprachenvielfalt Indiens unter den Führern zwangsläufig die Frage auf, welche Sprache im neuen Nationalstaat als Lingua franca fungieren solle – denn dass Englisch auf Dauer und exklusiv als solche erhalten bleiben würde, stellte für keine Partei eine Option dar. Je nach ideologischem Standpunkt kamen Urdu, Hindi oder eine Kombination aus beiden, die Hindustani genannt wurde, in Frage. Sogar Sanskrit fand als mögliche Amtssprache seinen Weg in die Debatten, wurde jedoch letztlich als unpraktisch abgelehnt. Als naheliegende Alternative galt den Hindu-nationalistischen Befürwortern ein Hindi in verstärkt sanskritisierter Form, da es am ehesten noch die alte Kultur Indiens in sich berge (Aneesh, 2010, S. 15f). Nach der Teilung des Raj in Indien und Pakistan im Jahr 1947, eine nicht nur territoriale, sondern weitgehend auch religiöse Teilung, erschien das einigende Hindustani obsolet – und dies noch mehr, als der neue Staat Pakistan Urdu zu seiner Amts- und Nationalsprache erklärte. Mohandas Gandhi und andere Verfechter einer sich nicht in religiöse Schranken sperren lassenden, gesamt-indischen Sprache unterlagen somit schließlich der seit Jahrzehnten andauernden und bewusst betriebenen Kontrastierung nicht nur zweier Varietäten derselben Sprache, sondern der zwei großen Glaubensgemeinschaften, zwischen denen die Kluft im Laufe der Zeit kontinuierlich wuchs. So war es Hindi, das Produkt dieser Entwicklung, das mit Inkrafttreten der Verfassung 1950 zur offiziellen Sprache der Indischen Union aufstieg.

Ebendieses Hindi mag nunmehr in weiten Teilen Indiens als erste Sprache im Land noch vor Englisch etabliert und akzeptiert sein – in Gebieten außerhalb des sogenannten Hindi-Gürtels regt sich allerdings wiederholt Widerstand seitens der Bevölkerung sowie regionaler Politiker und Parteien gegen dieses aufgezwungene Zeugnis einer „imperialistischen Fremdkultur", das als Bedrohung für die eigenen Sprachen, die heimischen Traditionen und sogar für das eigene Leben empfunden wird. Die von nationalistischen Gedanken und Gefühlen getragenen Anti-Hindi-Proteste in Tamil Nadu illustrieren den zweiten möglichen Zusammenhang zwischen Sprache und Nationalismus, und zwar den der gemeinsamen Volkssprache als Vorbedingung für das Aufkommen von Nationalismus. Die tamilische Kultur erfuhr durch koloniale Forscher eine äußerst ambivalente Behandlung: Der einen sprachwissenschaftlichen Fraktion galt das Tamil als eine im Vergleich zu den zur „indogermanischen Familie" angehörenden Sprachen primitivere und zu vernachlässigende Vernakulärsprache, während die andere eine Art Gegenmodell dazu aufstellte, in welcher Tamil und die autochthone Kultur Südindiens als dem Sanskrit und der damit eng verbundenen brahmanischen Kultur des Nordens als überlegen aufgefasst wurden. Es ist dieses von Europäern konstruierte Modell der Höherwertigkeit der als „dravidisch" bezeichneten Zivilisation, auf welches später entsprechende nationalistische Bewegungen beruhten (Washbrook 1989, S.214). Das mit sanskritischen Einflüssen durchsetzte Hindi wurde als feindlicher und für die tamilische Nation zerstörerischer Eindringling wahrgenommen, dem es entgegenzutreten galt. Als Reaktion auf die drohende Ausbreitung des Hindi auch in Südindien kam es im Verlauf des 20. Jahrhunderts wiederholt zu teilweise in Gewalt ausartenden Protesten. Den Nährboden für diesen Widerstand lieferte die über Jahrzehnte betriebene pro-tamilische, anti-„arische" und bis 1963 sezessionistische Regionalpolitik des Politikers Periyar sowie der Partei Dravida Munnetra Kazhagam (DMK). Zu jener Zeit hatte sich bereits ein regelrechter Kult, eine geradezu religiöse

Verehrung der „Mutter Tamil", Tamilttay, etabliert. Er gründet sich auf der bereits im 17. Jahrhundert nachweisbaren Tradition der Darstellung der Sprache Tamil als Gottheit, die anderen Göttern wie Shiva durchaus gleichgestellt ist. Die „Hommage an die Göttin Tamil" P. Sundaram Pillais von 1891 nennt Tamil erstmals explizit als weibliche Person, als göttliche Mutter und Jungfrau. Auf das Loblied sollen viele weitere folgen. Tamilttay fungiert bis heute als Projektionsfigur der unterschiedlichsten Wünsche, Hoffnungen und Gefühle ebenso wie als Instrument politischer Ambitionen. Mit ihrer Hilfe gelingt die Mobilisierung der tamilischen Massen zu Verteidigern ihrer „Mutter Sprache" oder Muttersprache gegen fremde, zersetzende Einflüsse, namentlich aus dem sanskritisch-brahmanischen Norden. Diese Hingabe äußerte sich in der Vergangenheit nicht nur in Protestmärschen und Demonstrationen, sondern vereinzelt, jedoch deswegen nicht weniger medienwirksam in öffentlichem Suizid, gewissermaßen als Selbstopferung für die tamilische Sache und klares Signal der Unerschütterlichkeit und Entschlossenheit ihrer Anhänger (Ramaswamy, 1997). Diese Märtyrertode sorgten ebenso wie das blutige Einschreiten durch die Polizei für die Verfestigung der gegen die Ausbreitung des Hindi ankämpfenden Bewegung in Tamil Nadu (Aneesh, 2010, S. 20). Durch derlei Aktionen zeigt sich eine Wertschätzung der Muttersprache, die in einer ideologisch überhöhten Form sogar Menschenleben zu kosten vermag.

Zusammenfassend lässt sich also sagen, dass in der Tat beide Theorien, in diesem Fall sogar miteinander verwoben, an indischen Beispielen ihre Bestätigung finden. Der britische Einfluss kann dabei nicht unterschätzt werden; sowohl die Hindi-Urdu-Debatte als auch der auf der Verehrung von Tamilttay basierende Nationalismus gehen großteils auf die britischen Interventionen während der Kolonialzeit zurück. Während sich am Beispiel der Debatte um die Trennung zwischen Hindi und Urdu der ursächliche Zusammenhang zwischen nationalistischer Gesinnung und einer aus ihr resultierenden sprachlichen Ideologie in Form der Konstruktion einer "neuen" Sprache aufzeigen lässt, unterstützt der auf die Verbreitung des Hindi reagierende tamilische Protest zusätzlich die Theorie von der Sprache als identitätsstiftendes Kulturgut, deren Verehrung in nationalistische, mitunter separatistische Bewegungen münden kann. An den vorgestellten Beispielen wurde zudem deutlich, dass der Ruf nach "der" Nation keinesfalls ein dem Rufenden natürlicherweise innewohnender Trieb ist. Vielmehr entstammt er der Dynamik historischer Verflechtungen, wird geschaffen und geformt durch äußere Einflüsse, wie das durch die Briten aus Europa mitgebrachte und bis dato auf dem indischen Subkontinent unbekannte Konzept eines linguistischen Nationalismus, oder der als diskriminierend und patronisierend empfundene Eingriff ins eigene Leben durch eine mächtige Institution, seien es die Kolonialmacht oder der eigene Staat. Im Hinblick auf diese Tatsache relativieren sich die Überzeugung und der Einsatz Angehöriger nationalistischer Ideologien im Allgemeinen.

Literatur

Aneesh, A. 2009. Bloody Language: Clashes and Constructions of Linguistic Narionalism in India. Zu finden unter: http://www4.uwm.edu/c21/pdfs/workingpapers/aneesh_bloodylanguage.pdf (Zugriff: 20.01.2013).

Eisenlohr, Patrick. 2007. Creole Publics: Language, Cultural Citizenship, and the Spread of the Nation in Mauritius. Comparative Studies in Society and History, Vol. 49 No. 4: 968-996.

Errington, Joseph. 2008. Linguistics in a Colonial World: A Story of Language, Meaning, and Power. Malden/Oxford/Victoria, Blackwell Publishing.

Ramaswamy, Sumathi. 1997. Passions of the Tongue: Language Devotion in Tamil India, 1891-1970. Berkeley/Los Angeles/London, University of California Press.

Washbrook, David. 1991. „To each a language of his own": language, culture, and society in colonial India. In: Penelope J. Corfield. 1991. Language, History and Class. Oxford u.a., Blackwell: 179-203.